Stephen Janetzko mit Christa Baumann

Jesus, Bartimäus, Zachäus & Co
- Lieder zu Bibel-Geschichten -
Das Liederbuch

13 neue Spiel-Lieder für die Kinderkirche, Kindergarten, Gottesdienst, Schule und Zuhause

Das Liederbuch mit allen Texten, Noten und Gitarrengriffen zum Mitsingen und Mitspielen

Neue religiöse Kinderlieder von Stephen Janetzko

Copyright © 2015 Verlag Stephen Janetzko, Erlangen
www.kinderliederhits.de
Alle Lieder verlegt bei Edition SEEBÄR- Musik Stephen Janetzko, Erlangen
Online-Shop im Internet unter www.kinderlieder-shop.de
Verwendung der Original-Buchcovers mit Genehmigung - Covergrafik: Stephen Janetzko
Notensatz, grafische Vorbereitung und Idee: Stephen Janetzko
All rights reserved.

ISBN-10: 3957222303

ISBN-13: 978-3-95722-230-5

Inhaltsverzeichnis

Lied:	**Seitenzahl:**
Wir wandern nach Jerusalem	4
Rings herum ist dunkle Nacht (Blinden-Spiellied)	5
Jesus und der Gelähmte	6
Komm mit, wir wollen Freunde sein (Menschenfischer-Lied)	7
Hochzeit ist in Kana	8
Wir geben unser Kind in Deine Hände (Tauflied)	9
Die Arbeiter im Weinberg	10
Nur fünf Brote und zwei Fische (Die Speisung der Fünftausend)	11
Der barmherzige Samariter	12
Der verlorene Sohn (Ein Bauernsohn verlässt das Haus)	13
Zachäus wollte Jesus sehn	14
Auf dem See Genezareth	15
Vater unser (Janetzko)	16

Wir wandern nach Jerusalem

Text: Christa Baumann/Stephen Janetzko; Musik: Stephen Janetzko; CD Jesus, Bartimäus, Zachäus & Co - Lieder zu Bibel-Geschichten © Edition SEEBÄR-Musik Stephen Janetzko, www.kinderliederhits.de

Tempo: ca. 140

Wir wandern nach Jerusalem,
ganz langsam, Schritt für Schritt.
Und alle möchten mit uns gehn,
doch du, und du, und du darfst mit!

Spielweise:
Die Kinder sitzen im Kreis. Ein Kind beginnt und geht im Kreis. Beim „du" in der letzten Liedzeile zeigt es jeweils auf ein Kind (dreimal). Diese drei „hängen" sich hinten an und gehen bei der nächsten Strophe mit im Kreis herum.
Sind alle Kinder mit dabei, geht die Gruppe zu einer vorbereiteten Kissen-Tribüne. Dort setzen sie sich.
So wie die Kinder warten mussten, erging es Jesus, als er ein kleiner Junge war. Er musste nämlich warten, bis er alt genug war, um an der langen Reise nach Jerusalem teilnehmen zu dürfen.

Rings herum ist dunkle Nacht
(Blinden-Spiellied)

Text: Christa Baumann; Musik: Stephen Janetzko; CD "Jesus, Bartimäus, Zachäus & Co - Lieder zu Bibel-Geschichten" © Edition SEEBÄR-Musik Stephen Janetzko, www.kinderliederhits.de

Tempo: ca. 148

1. Rings herum ist dunkle Nacht, denn ich kann nichts sehn.
Möchte gerne draußen sein, wer mag mit mir gehn?

2. Jetzt bin ich nicht mehr allein,
du nimmst meinen Arm.
Höre ich die Vögel dann,
wird ums Herz mir warm.

Anregungen zum Spiellied:

Requisiten:
o gelbe Armbinde mit schwarzen Punkten
o Blindenstock

Spielweise:
Die Kinder sitzen im Kreis, ein Kind steht als
„Blinder" mit Armbinde und Stock in der Mitte.
Es schließt die Augen. Alle singen die 1. Strophe.
Der Erwachsene blinzelt einem Kind im Kreis zu.
Dieses fragt: „Darf ich dich führen?"
Das „blinde" Kind soll an der Stimme erkennen,
wer es führen möchte. Hat es richtig geraten, wird
es von diesem Kind am Arm genommen und im
Kreis herum geführt. Dazu singen alle die
2. Strophe.
Das Kind, das geführt hat, wird der nächste „Blinde".
Ist die Zeit knapp, dann darf dieses Kind den
nächsten „Blinden" bestimmen.

Jesus und der Gelähmte
(Jederzeit ganz tief geborgen)

Text: Christa Baumann; Musik: Stephen Janetzko; CD "Jesus, Bartimäus, Zachäus & Co - Lieder zu Bibel-Geschichten" © Edition SEEBÄR-Musik Stephen Janetzko, www.kinderliederhits.de

Tempo: ca. 134

1. Jesus redet zu den Leuten,
dicht an dicht stehn sie im Haus.
Langsam senkt sich eine Trage,
darauf liegt ein lahmer Mann.
Doch auf einmal bricht die Decke,
eilig laufen sie hinaus.
Seine Freunde wissen sicher,
dass ihm Jesus helfen kann.

Refrain: Jederzeit ganz tief geborgen,
nie allein, denn du bist da.
Und wir klatschen und wir stampfen,
und wir rufen laut: "Hurra!"

2. „Stehe auf!", so sagt ihm dieser
und die Leute wundern sich.
„Nimm dein Bett und geh nach Hause!",
sagt ihm Jesus eindringlich.
Niemand hat zuvor gesprochen,
auch jetzt ist es totenstill.
Seht, der Lahme kann gleich aufstehn,
so, wie Jesus es jetzt will.

Refrain: Jederzeit...

3. Ohne Zaudern oder Zagen
geht er mit der Trage fort.
Und die Leute schauen, staunen,
loben Gott an jedem Ort.

Refrain: Jederzeit...

Kommt mit, wir wollen Freunde sein!
(Menschenfischer-Lied)

Text: Christa Baumann; Musik: Stephen Janetzko; CD "Jesus, Bartimäus, Zachäus & Co - Lieder zu Bibel-Geschichten" © Edition SEEBÄR-Musik Stephen Janetzko, www.kinderliederhits.de

Tempo: ca. 168

1. Simon wirft die schweren Netze, und Andreas hilft dabei. Die zwei Brüder,

sie sind Fischer, Jesus kommt am See vorbei. Refrain: Kommt mit, kommt

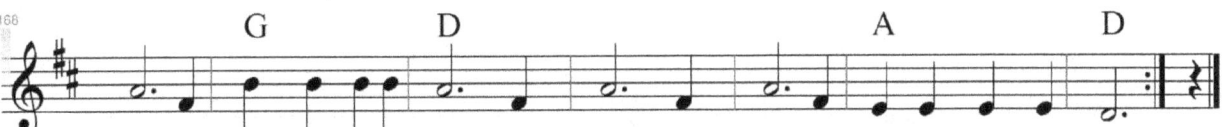

mit, ich lad´ euch alle ein. Kommt mit, kommt mit, wir wollen Freunde sein.

2. Auch Jakobus und Johannes
lassen ihren Vater stehn,
denn sie folgen Jesus Bitte,
wolln von nun an mit ihm gehn.

Refrain: Kommt mit, kommt mit...

3. Bald schon sind es viele Männer,
alle wandern mit ihm mit.
Und sie werden gute Freunde,
gehen mit ihm Schritt um Schritt.

Refrain: Kommt mit, kommt mit...

Hochzeit ist in Kana!

Text: Christa Baumann; Musik: Stephen Janetzko; CD "Jesus, Bartimäus, Zachäus & Co - Lieder zu Bibel-Geschichten" © Edition SEEBÄR-Musik Stephen Janetzko, www.kinderliederhits.de

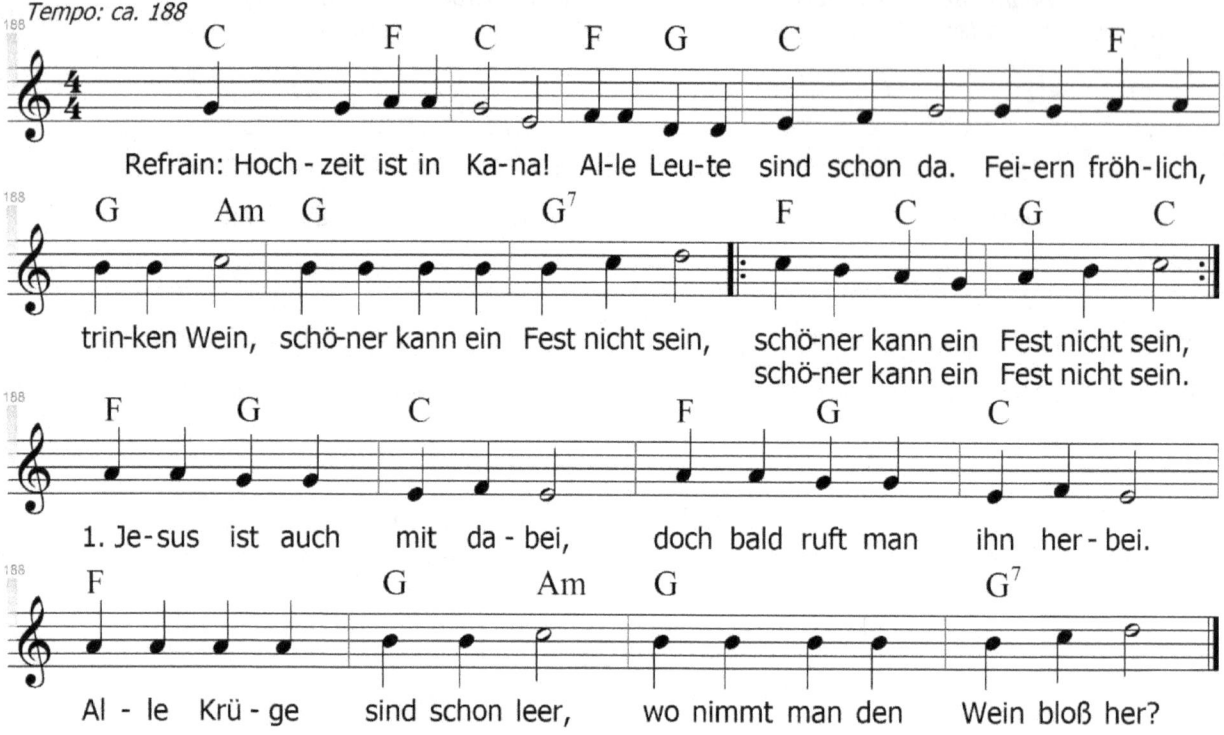

Refrain: Hochzeit ist in Kana...

2. Jesus sagt: „Füllt Wasser ein,
tragt die Krüge wieder rein."
Wasser? Alle wollten Wein!
Doch dann ließ man sich drauf ein.

Refrain: Hochzeit ist in Kana...

3. Und man goss das Wasser ein -
plötzlich war es goldner Wein.
Denn ein Wunder, das geschah!
Alle freuen sich, hurra!

Refrain: Hochzeit ist in Kana...

4. Gott lädt alle zu sich ein,
und wir sollen fröhlich sein.
Seine Wunder staunend sehn,
und er will stets mit uns gehn.

Refrain: Hochzeit ist in Kana...

Wir geben unser Kind in Deine Hände
(Tauflied)

Text und Musik: Stephen Janetzko; CD "Jesus, Bartimäus, Zachäus & Co - Lieder zu Bibel-Geschichten" © Edition SEEBÄR-Musik Stephen Janetzko, www.kinderliederhits.de

1. Wir geben unser Kind in Deine Hände, Dein Licht stehe ihm bei zu aller Zeit. Du gehst mit ihm vom Anfang bis zum Ende, vom Augenblick bis in die Ewigkeit.

2. Herr, nimm es auf in Deine großen Arme
und spende ihm Geborgenheit und Schutz.
Und findet es kein' Trost in diesen Tagen,
sei bei ihm und gewähr ihm Unterschlupf.

3. Wir taufen unser Kind in Deinem Namen
und leiten es nach göttlichem Gebot.
Wir geben, was wir sind und was wir haben,
vom ersten Tag bis in das Abendrot.

Die Arbeiter im Weinberg

Text: Christa Baumann/Stephen Janetzko; Musik: Stephen Janetzko; CD "Jesus, Bartimäus, Zachäus & Co - Lieder zu Bibel-Geschichten" © Edition SEEBÄR-Musik Stephen Janetzko, www.kinderliederhits.de

Tempo: ca. 98

1. Als die Sonne eines Morgens überm Weinberg strahlt,
holt der Bauer sich die Männer, abends wird gezahlt.

Refrain: Immer wenn ich etwas tue, will ich den gerechten Lohn.
Doch egal, wie viel ich mache, ich bin immer Gottes Sohn.

2. Auch am Mittag holt er Helfer,
abends wird entlohnt.
Sogar später holt er Männer,
die er gleich belohnt.

Refrain: Immer...

3. Jesus sagt, so ist das richtig,
das ist die Lektion:
Seine Güte ist so reichlich,
sie ist Gottes Lohn.

Refrain: Immer...

4. Sein Geschenk der großen Liebe,
so der weise Plan,
ist derselbe Lohn für jeden,
der vertrauen kann.

Refrain: Immer...

5. Lalala....

Nur fünf Brote und zwei Fische
(Die Speisung der Fünftausend)

Text: Christa Baumann; Musik: Stephen Janetzko; CD "Jesus, Bartimäus, Zachäus & Co - Lieder zu Bibel-Geschichten" © Edition SEEBÄR-Musik Stephen Janetzko, www.kinderliederhits.de

2. Nur fünf Brote und zwei Fische sind das ganze Essen hier.
Das reicht niemals für die Leute. Jesus sagt: „Bringt es zu mir!"
Und dann dankt er Gott im Himmel, dass er immer an uns denkt,
bricht das Brot und teilt die Fische, jeder wird damit beschenkt.

Refrain: Keine Angst, Gott ...

3. Alle Leute schauen, staunen, manche sind gar fassungslos.
Und sie essen und sie reden, das ist wirklich grandios.
Nur fünf Brote und zwei Fische, doch es werden alle satt.
Gott gibt Freude, Glück und Liebe, dass ein jeder alles hat.

Refrain: Keine Angst, Gott ...

Der barmherzige Samariter

Text: Christa Baumann/Stephen Janetzko; Musik: Stephen Janetzko; CD "Jesus, Bartimäus, Zachäus & Co - Lieder zu Bibel-Geschichten" © Edition SEEBÄR-Musik Stephen Janetzko, www.kinderliederhits.de

1. Ein Mann liegt nackt am Wegesrand, er ist verletzt, halb tot. Ein and-rer geht an ihm vorbei und sieht die große Not.
Doch helfen will er nicht, oh nein! Er will ganz schnell nach Haus. So geht er eilig wieder fort, als nähme er Reißaus.

Refrain: Hilf mir, hilf mir in der Not, denn sonst wartet nur der Tod.
Hilfe, wer hört wohl mein Schrein? Ach, ich fühl mich so allein.

2. Ein Zweiter wandert diesen Weg, er sieht den armen Mann,
doch geht er weiter, Schritt für Schritt, und hält nicht einmal an.
Der Kranke richtet sich halb auf, ruft „Hilfe!" noch und noch.
Da kommen Schritte langsam nah, kommt jetzt die Hilfe doch?

Refrain: Hilf mir, hilf mir...

3. Ein Fremder ists, ein Feind sogar, der Hilfe ihm gewährt.
Der seine Wunden wäscht und salbt und nichts dafür begehrt.
Er hebt ihn auf den Esel hoch, geht mit ihm bis zur Stadt.
Im Wirtshaus legt er ihn ins Bett, als wärs ein Kamerad.

Refrain:
Danke, guter fremder Mann, danke, danke noch einmal.
Deine Hilfe rettet mich: Danke, danke tausendmal!

4. Dann geht er weiter seines Wegs, der Wirt bekommt sein Geld.
Er pflegt den Kranken ganz gesund, denn so war es bestellt.
Barmherzigkeit ist grenzenlos, kennt keine Religion.
Und jedem, der in Nöten ist, hilf schnell, auch ohne Lohn.

Refrain: Hilf mir, hilf mir...
Refrain: Danke, guter fremder Mann...

Ein Bauernsohn verlässt das Haus
(Der verlorene Sohn)

Text: Christa Baumann; Musik: Stephen Janetzko; CD "Jesus, Bartimäus, Zachäus & Co - Lieder zu Bibel-Geschichten" © Edition SEEBÄR-Musik Stephen Janetzko, www.kinderliederhits.de

1. Ein Bauernsohn verlässt das Haus, das Erbteil im Gepäck. Er lebt davon in Saus und Braus, doch schnell ist alles weg. Jetzt ist er wirklich bitterarm, verlassen und allein. Bald wohnt er in dem Schweinestall, hat Hunger ungemein.

2. So geht er schließlich wieder heim, der Vater freut sich sehr. Sein großer Bruder, unterdes, der findet das nicht fair. Der Vater sagt: "Verstehe doch, was mir gehört ist dein. Er war verlorn, doch lebt er jetzt! Wir wollen fröhlich sein!"

Refrain: Wie der Vater in der Bibel wartet Gott genau auf dich. Seine Arme sind weit offen, er ist niemals ärgerlich.
Darum sind wir heute glücklich, und wir freun uns immerzu. Lachen, spielen ausgelassen, nehmen dich gern mit dazu.
La - la - la...

Zachäus wollte Jesus sehn

Text: Christa Baumann; Musik: Stephen Janetzko; CD "Jesus, Bartimäus, Zachäus & Co - Lieder zu Bibel-Geschichten" © Edition SEEBÄR-Musik Stephen Janetzko, www.kinderliederhits.de

1. Za-chä-us woll-te Je-sus sehn, doch er war viel zu klein.
Die Men-ge, die war rie-sen-groß und nie-mand ließ ihn ein.
So stieg er auf den näch-sten Baum und hielt sich fest am Ast.
Den Leu-ten war das ganz e-gal, denn er war sehr ver-hasst.

Refrain: Za-chä-us, ar-mer, rei-cher Mann, denk nach und mer-ke dir:
Du bist nicht glück-lich, ganz al-lein, halt ein mit dei-ner Gier!

2. Doch Jesus kam und sprach ihn an, die Leute staunten sehr.
Und Jesus lud sich bei ihm ein, das wundert´ sie noch mehr.
"Zachäus, steig herunter schnell, ich möchte gern zu dir.
Wir wollen essen, fröhlich sein, ich nehm´ bei dir Quartier."

Refrain: Zachäus...

3. Die Leute ärgerten sich sehr, sie mochten ihn ja nicht.
Er zog die Steuer doppelt ein, behielt das Geld für sich.
Doch nach dem Essen, stellt euch vor, da kam Zachäus her
und gab den Leuten Geld zurück, das fiel ihm nicht mal schwer.

Schluss-Refrain: Zachäus, kleiner, großer Mann, jetzt kannst du glücklich sein!
Bald werden Freunde um dich sein, du bist nicht mehr allein!

Thema: Zachäus ist ausgeschlossen, Jesus nimmt sich an, beurteilt nicht.
Spielanregung von Stephen Janetzko: Die Geschichte kann zum Lied mitgespielt werden. Ein Kind darf Zachäus spielen, ein anderes Jesus. Die anderen Kinder spielen die Menge; sie stehen im Kreis und halten sich an den Händen. Jesus sitzt oder steht in der Mitte des Kreises, Zachäus versucht von außen nach innen zu gelangen, um Jesus zu sehen, wird aber von der Menge nicht durchgelassen. Dann tritt Jesus aus dem Kreis und kommt auf ihn zu usw.
Den Refrain singen die Kinder in den ersten beiden Strophen mit erhobenem Zeigefinger, beim Schluss-Refrain klatschen alle mit und nehmen Zachäus in den Kreis auf.

Auf dem See Genezareth

Text: Christa Baumann und Stephen Janetzko; Musik: Stephen Janetzko; CD "Jesus, Bartimäus, Zachäus & Co - Lieder zu Bibel-Geschichten" © Edition SEEBÄR-Musik Stephen Janetzko, www.kinderliederhits.de

2. Doch plötzlich tobt der ganze See, der Sturm braust hin und her.
Das Boot, das schaukelt auf und ab, sie fürchten sich jetzt sehr.
Doch Jesus schläft ganz tief und fest und wacht nicht einmal auf.
Die Jünger wecken ihn ganz schnell. Er steigt aufs Boot hinauf.

Refrain.

3. „Hör auf!", so ruft dem Sturm er zu, und sofort ist es still.
Die Wellen kräuseln sich nur sanft, weil Jesus es so will.
„Warum die Angst?", so fragt er sie. „Ich bin doch immer da!"
Drum habt Vertrauen jeden Tag, denn Gott ist immer nah!

Refrain.

Spielvorschlag:
Aus mehreren umgedrehten Stühlen ein Boot bauen: die Stühle auf die
Rückseite legen, die Beine zeigen nach innen, die Lehne zeigt nach
außen und ist die Schiffswand. Ein Kissen hineinlegen.
Ein paar Kinder stehen im Boot und warten auf Jesus, der einsteigt.
Das Rollenspiel ergibt sich beim Singen.
Die Melodie spiegelt das Wogen des Wassers.

Vater unser (Janetzko)

Text: Liturgie; Musik: Stephen Janetzko; CD "Danke Gott"
© Edition SEEBÄR-Musik Stephen Janetzko, www.kinderliederhits.de

Vater unser im Himmel
geheiligt werde dein Name
dein Reich komme
dein Wille geschehe
wie im Himmel so auf Erden.
Unser tägliches Brot gib uns heute
und vergib uns unsere Schuld
wie auch wir vergeben unsern Schuldigern.
Und führe uns nicht in Versuchung,
sondern erlöse uns von dem Bösen.
Denn dein ist das Reich und die Kraft und die Herrlichkeit,
in Ewigkeit.
Amen.

Hinweis: Kann beim Singen auch abschnittweise wiederholt werden (Vorsänger/Chor), wenn gewünscht.

DIE CD ZUM BUCH:

Stephen Janetzko - CD „Jesus, Bartimäus, Zachäus & Co - Lieder zu Bibel-Geschichten"

13 neue Spiel-Lieder für die Kinderkirche.
Leicht lernbare Lieder zu biblischen Geschichten & alle Playbacks.
Ideal für Kindergarten, Schule, Religionsunterricht, Kommunionvorbereitung, Konfirmation, Gruppen, Gottesdienst, Kinderkirche usw.

Inhalt der CD - alle Lieder:

1. Wir wandern nach Jerusalem 2:04
2. Rings herum ist dunkle Nacht (Blinden-Spiellied) 1:58
3. Jesus und der Gelähmte 2:57
4. Komm mit, wir wollen Freunde sein (Menschenfischer-Lied) 2:31
5. Hochzeit ist in Kana 3:02
6. Wir geben unser Kind in deine Hände (Tauflied) 2:26
7. Die Arbeiter im Weinberg 2:52
8. Nur 5 Brote und 2 Fische (Die Speisung der 5.000) 3:22
9. Der barmherzige Samariter 3:37
10. Der verlorene Sohn (Ein Bauernsohn verlässt das Haus) 1:58
11. Zachäus wollte Jesus sehn 2:55
12. Auf dem See Genezareth 2:56
13. Vater unser (Janetzko) 1:56

Playbacks / Karaokeversionen:

14. Wir wandern nach Jerusalem - Instrumental/Karaokefassung 2:04
15. Rings herum ist dunkle Nacht (Blinden-Spiellied) - Instrumental/Karaokefassung 2:00
16. Jesus und der Gelähmte - Instrumental/Karaokefassung 2:58
17. Kommt mit, wir wollen Freunde sein (Menschenfischer-Lied) - Instrumental/Karaokefassung 2:3
18. Hochzeit ist in Kana - Instrumental/Karaokefassung 3:03
19. Wir geben unser Kind in Deine Hände (Tauflied) - Instrumental/Karaokefassung 2:26
20. Die Arbeiter im Weinberg - Instrumental/Karaokefassung 2:53
21. Nur fünf Brote und zwei Fische (Die Speisung der Fünftausend) - Instrumental/Karaokefassung 3:24
22. Der barmherzige Samariter - Instrumental/Karaokefassung 3:39
23. Ein Bauernsohn verlässt das Haus (Der verlorene Sohn) - Instrumental/Karaokefassung 1:57
24. Zachäus wollte Jesus sehn - Instrumental/Karaokefassung 2:56
25. Auf dem See Genezareth - Instrumental/Karaokefassung 2:57
26. Vater unser (Janetzko) - Instrumental/Karaokefassung 1:55

Gesamtspieldauer: ca. 70:10 min.
Die Playbacks (Titel 14-26) sind mit einer Melodieführung versehen und können so auch als Musikbegleitung z.B. in der Kirche eingesetzt werden.

Bestellnummer 91033-245 - ISBN 978-3-940918-93-2
INFO & SHOP: www.kinderliederhits.de
© SEEBÄR-Musik (Labelcode LC 05037)

Weitere CD-Empfehlungen:

Stephen Janetzko - CD „Danke Gott"
Neue religiöse Kinderlieder von & mit Stephen Janetzko

Hier finden sich 20 schöne neue Lieder für Kindergarten, Gottesdienst, Schule & Zuhause.
Die Lieder haben einfache, leicht lernbare Texte und Melodien und können gut z.B. einfach mit Gitarre begleitet werden – mit Texten von Rolf Krenzer, Werner Schaube und Stephen Janetzko. Die Melodien stammen alle von Stephen Janetzko, der hier zudem neue Fassungen des altbekannten 4-stimmigen Kanons „Froh zu sein bedarf es wenig" für alle Gelegenheiten präsentiert. Als Bonus-Lied gibt es das „Vater unser" in einer neuen Version mit dem unverändertem Text aus der Liturgie und mit einer Melodie von Stephen Janetzko.

CD-Inhalt (Lieder):

1. Danke, Gott (für die schöne Welt)
2. Wir feiern jetzt ein Fest
3. Guten Morgen, liebe Leute
4. Gemeinsam sind wir stark
5. Gott ist die Liebe (3-stimmiger Kanon)
6. Mit Gott erlebst du was!
7. Ein bunter Regenbogen (2-stimmiger Kanon)
8. Viele kleine Leute (Eine Handvoll Sonnenschein)
9. In Gottes schöne Welt
10. Gott ist überall (Kanon mit Bewegungen)
11. Johanni (Kanon zur Sommersonnenwende, 24.6. Johanni-Tag)
12. Segne unser Essen
13. Tu da, wo du bist (3-stimmiger Kanon)
14. Wir wollen danken
15. Gott, ich will dir danken (Danklied - Lied zu Erntedank)
16. Michaeli, Michaeli (29.9. Tag der Engel)
17. Sankt Martin ist da (11.11.)
18. Auf allen Wegen (Segenslied - 2-stimmiger Kanon)
19. Lieber Gott wie 1000 Sterne
20. Heute ist so viel geschehn (Lied zur guten Nacht)
21. Bonus: „Vater unser" mit neuer Melodiefassung

*Bestellnummer 91033-45 - **ISBN 978-3-932455-84-1***
INFO & SHOP: www.kinderliederhits.de
© SEEBÄR-Musik (Labelcode LC 05037)

... ebenfalls als Liederbuch erhältlich!

Weitere CD-Empfehlungen:

Stephen Janetzko & Freunde
CD EIN BISSCHEN SO WIE MARTIN - 22 Lieder zum Laternenfest & Sankt Martin

Neue & alte, stimmungsvoll arrangierte Martins- & Laternenlieder von & mit Stephen Janetzko mit Texten von Elke Bräunling, Erwin Grosche, Rolf Krenzer u.a.
Mit dem bekannten Titellied "Ein bisschen so wie Martin" (Text: Elke Bräunling - Musik: Paul G. Walter - Verlag: Edition Seebär-Musik Stephen Janetzko).
Inkl. der beiden Martinsspiele „Das Spiel vom Teilen" & „Das Laternenfest" von Elke Bräunling (im Booklet). Mit weiteren Songbeiträgen von Kati Breuer, Taato Gomez, Hermann Heimeier, Ottmar Liedl (Kinderclown OLi) & Heiner Rusche.

Alterszielgruppe ca. 2-9 Jahre/ Spieldauer ca. 66:03 min. - Best.-Nr. 91033-276,
ISBN 978-3-941923-92-8
INFO & SHOP: www.kinderliederhits.de
© SEEBÄR-Musik (Labelcode LC 05037)

Alle Lieder der CD:
1. Ein bisschen so wie Martin - Stephen Janetzko 3:40
2. Sankt Martin ritt durch Schnee und Wind - Stephen Janetzko 3:09
3. Ich schenk dir einen Stern (Sternenkinder-Lied) - Stephen Janetzko 3:04
4. Teilen, Teilen - Stephen Janetzko 1:04
5. Martin, lieber Martin - wir wollen sein wie du - Stephen Janetzko 2:50
6. Teilen wie St. Martin (Sonne, Mond und Sterne) - Stephen Janetzko 2:14
7. Laterne, Laterne, Sonne, Mond und Sterne (1) - Stephen Janetzko 0:16
8. Heute ist St. Martinstag - Stephen Janetzko 2:29
9. Laterne, Laterne, komm leuchte für mich - Stephen Janetzko 4:09
10. Wenn wir mit den Laternen gehn (Lied zum Laternenfest) - Stephen Janetzko 1:57
11. Laterne, Laterne, Sonne, Mond und Sterne (2) - Stephen Janetzko 0:16
12. Laternenlicht, Laternenlicht - Stephen Janetzko 2:28
13. Eine Laterne basteln wir - Heiner Rusche 3:02
14. Laternen leuchten hell - Stephen Janetzko 3:57
15. Laterne, Laterne, Sonne, Mond und Sterne (3) - Stephen Janetzko 0:15
16. Brenn, Laterne - Stephen Janetzko 3:46
17. Das Licht geht auf die Reise - Kati Breuer 2:48
18. Laterne, Laterne, Sonne, Mond und Sterne (4) - Stephen Janetzko 0:16
19. Martins Mantel - Stephen Janetzko 1:51
20. Sankt Martin ist da - Stephen Janetzko 1:49
21. Wir tragen die Laternen, so bunt - Hermann Heimeier 2:42
22. Ich geh mit meiner Laterne - Stephen Janetzko 3:38
23. Laterne, Laterne, Sonne, Mond und Sterne (5) - Stephen Janetzko 0:16
24. Sankt Martin - Ottmar Liedl (Kinderclown Oli) 4:47
25. Dreh dich, Laterne (Laternentanz) - Stephen Janetzko 2:30
26. Wie Martin - Taato Gomez & Stephen Janetzko 4:20
27. Laterne, Laterne, Sonne, Mond und Sterne - Stephen Janetzko 2:14

Weitere CDs mit Kati Breuer:

Kati Breuer: **CD Sankt Martin ritt durch Schnee und Wind**
- Die 25 schönsten Laternenlieder

DIE Laternen-CD zu Sankt Martin für alle Kindergruppen und zu Hause!

Stimmungsvoll arrangiert und gesungen von Kati Breuer und mit vielen fröhlichen Kinderstimmen. **Mit den 25 bekanntesten traditionellen sowie neuen Laterne-Liedern** u.a. von Elke Bräunling, Kati Breuer, Lieselotte Holzmeister, Stephen Janetzko, Peter Janssens, Detlev Jöcker, Richard Rudolf Klein, Rolf Krenzer, Klaus Neuhaus, Paul G. Walter und Rolf Zuckowski.

Zielgruppe ca. 2-9 Jahre/ Spielzeit ca. 66:17 min.
Best.-Nr. 91033-284 / ISBN 978-3-95722-059-2

Alle Lieder der CD:
1. Sankt Martin ritt durch Schnee und Wind
2. Laterne, Laterne, komm, leuchte für mich
3. Laterne, Laterne, Sonne, Mond und Sterne
4. Das Licht geht auf die Reise
5. Ich geh mit meiner Laterne
6. Ein bisschen so wie Martin
7. Brenn, Laterne
8. Kommt, wir wolln Laterne laufen
9. Laternenzeit, Laternenzeit
10. Durch die Straßen auf und nieder
11. Martinslied (Laterne, leuchte, leuchte hell)
12. Ein armer Mann (Sankt Martins Lied)
13. Laterne - zeige mir den Weg
14. Purzmurzel (Ein neues Laternenlied)
15. Wir tragen unsre Laternen (Laternenlied)
16. Abends, wenn es dunkel wird
17. Kleines Laternenlied
18. Ich hab eine feine Laterne
19. Hoch über uns die Sterne (Sankt Martin)
20. Licht in der Laterne
21. Meine Laterne
22. Guten Abend, lieber Mond
23. Ich schenk dir einen Stern (Sternenkinder-Lied)
24. Nimm deine Träume
25. Laternchen (Laternchen-Lied).

Die Texte der Lieder 1-6 befinden sich zusätzlich zum Mitsingen im Booklet, *das **vollständige** Liederbuch mit allen Texten, Noten und Gitarrengriffen zum Mitsingen und Mitspielen sowie eine Instrumentalausgabe sind neben dieser Gesangsfassung separat erhältlich.*

Zusätzlich erhältlich als Instrumentalausgabe:
Kati Breuer: CD Sankt Martin ritt durch Schnee und Wind - Die 25 schönsten Laternenlieder - Instrumental (Karaoke-Version), Best.-Nr. 91033-285 / ISBN 978-3-95722-062-2

Raum für eigene Notizen:

www.kinderliederhits.de

Stephen Janetzko   *(Liedermacher und Verleger)*

Mit einer 20-minütigen MC „Der Seebär" fing alles an, heute sind es weit über 600 Kinderlieder, die der gebürtige Hagener Liedermacher bereits auf über 50 CDs und in zahllosen Liedsammlungen veröffentlicht hat. Viele davon, wie „Hallo und guten Morgen", „Wir wollen uns begrüßen", „Augen Ohren Nase", „Das Lied von der Raupe Nimmersatt", „Hand in Hand" oder „In meiner Bi-Ba-Badewanne", werden heute gesungen in Kindergärten, Schulen und überall, wo Kinder sind.

... mehr Info, mehr CDs, mehr Lieder & Noten:
www.kinderliederhits.de

Alle Rechte vorbehalten.

Dieses Werk ist urheberrechtlich geschützt. Jegliche Vervielfältigung und Verwertung ist nur mit Zustimmung der Autoren bzw. des Verlags zulässig. Das gilt insbesondere für Übersetzungen, die Einspeicherung und Verarbeitung in elektronischen Systemen sowie für das öffentliche Zugänglichmachen wie zum Beispiel über das Internet.
Ein Nachdruck oder eine Weiterverwertung ist nur mit schriftlicher Genehmigung des Verlags möglich.

© Verlag Stephen Janetzko, **www.kinderliederhits.de**

www.ingramcontent.com/pod-product-compliance
Lightning Source LLC
Chambersburg PA
CBHW081505040426

42446CB00016B/3405